CON GRIN SUS CONOCIMIENTOS VALEN MAS

AF195693

- Publicamos su trabajo académico, tesis y tesina

- Su propio eBook y libro - en todos los comercios importantes del mundo

- Cada venta le sale rentable

Ahora suba en www.GRIN.com
y publique gratis

Bibliographic information published by the German National Library:

The German National Library lists this publication in the National Bibliography; detailed bibliographic data are available on the Internet at http://dnb.dnb.de .

This book is copyright material and must not be copied, reproduced, transferred, distributed, leased, licensed or publicly performed or used in any way except as specifically permitted in writing by the publishers, as allowed under the terms and conditions under which it was purchased or as strictly permitted by applicable copyright law. Any unauthorized distribution or use of this text may be a direct infringement of the author s and publisher s rights and those responsible may be liable in law accordingly.

Imprint:

Copyright © 2012 GRIN Verlag, Open Publishing GmbH
Print and binding: Books on Demand GmbH, Norderstedt Germany
ISBN: 9783668409590

This book at GRIN:

http://www.grin.com/es/e-book/354587/desarrollo-ecoturistico-en-tierras-privadas-de-falcon-venezuela

Rodrigo Díaz Lupanow

Desarrollo ecoturístico en tierras privadas de Falcón, Venezuela

GRIN Publishing

GRIN - Your knowledge has value

Since its foundation in 1998, GRIN has specialized in publishing academic texts by students, college teachers and other academics as e-book and printed book. The website www.grin.com is an ideal platform for presenting term papers, final papers, scientific essays, dissertations and specialist books.

Visit us on the internet:

http://www.grin.com/

http://www.facebook.com/grincom

http://www.twitter.com/grin_com

Plan integral de desarrollo ecoturístico en tierras privadas (hato) en Yaracal, Edo. Falcón

Rodrigo Díaz Lupanow

Universidad de Carabobo
Facultad Experimental de Ciencia y Tecnología
Departamento de Biología
Unidad de Ecología y Ambiente

Objetivos específicos 2
Marco conceptual 2
Marco legal 5
Ecoturismo y conservación 5
Diagnóstico 6
Plan de trabajo 10
Investigación y seguimiento 11
Bibliografía 12

Objetivo general: Plantear un plan sinérgico y efectivo que permita la continuidad en el tiempo para el desarrollo ecoturístico en tierras privadas (hatos) de la ciudad de Yaracal.

Objetivos específicos

- Capacitar y educar a la comunidad para que forme parte activa en el plan de desarrollo.
- Impulsar la conservación de la biodiversidad y su hábitat.
- Atraer turistas mediante la promoción de caminatas de interpretación, observación de fauna y flora silvestre y talleres diversos.
- Sensibilizar al turista y la comunidad sobre el inmenso valor de las áreas naturales.
- Aportar una alternativa para el desarrollo sustentable de la región.

Justificación: El turismo es la industria más grande del mundo. 1/3 de éste corresponde al turismo ecológico o Ecoturismo. Debido al grave impacto que genera el turismo con sus desechos, emisiones de CO_2, uso intensivo de energía, emisión de gases invernaderos y alto consumo hídrico, entre otros, se ha forzado la concientización de que requerimos de un turismo mas "amigable" con el ambiente. Esta contaminación es sumamente perjudicial para la biodiversidad presente en el área turística. Otra razón para el desarrollo ecoturístico es que, muchas veces, el turismo no proporciona beneficio directo a los pobladores de la zona. Esto se traduce en un estancamiento en el desarrollo económico del lugar. A su vez, la actividad turística puede servir como un medio de transculturización debido a la interacción inapropiada del turista con el poblador. De esta forma se pueden perder valores culturales de inmensurable valor. Es por esto que el ecoturismo es una alternativa para el desarrollo sustentable de una región, supone: bajo impacto al ecosistema y la cultura de la zona, alto beneficio para los lugareños y la conservación de hábitats naturales y un disfrute sano de la naturaleza.

Yaracal es una ciudad meramente ganadera. Sus mayores ingresos vienen de la producción bovina. Esta actividad trae repercusiones intensas sobre el medio ambiente. A su vez, posee amplia diversidad biológica, además de escenarios naturales meramente hermosos. La cultura de la región también es característica, el modo de vida es muy diferente al de la ciudad. Esto incita desarrollar planes ecoturísticos que protejan su belleza, diversidad y su cultura, además de fortalecer socio-económicamente a la comunidad.

Marco conceptual

El Ecoturismo, nociones fundamentales:

El Ecoturismo es un área del turismo sostenible enfocado en la naturaleza (Honey, 1999). La Organización Mundial del Turismo (OMT) definió en 1988 al turismo sostenible como "aquel que conduce a la gestión de todos los recursos de la forma que permita satisfacer todas las necesidades económicas, sociales y estéticas, manteniendo la integridad cultural, los procesos ecológicos esenciales, la diversidad biológica y los sistemas que apoyan la vida". De esta forma, el ecoturismo supone el disfrute de ambientes naturales causando el menor daño posible, favoreciendo la conservación de la biodiversidad y el ambiente. Son muchas las actividades eco turísticas que se pueden realizar. Éstas van desde apreciación de la naturaleza hasta deportes extremos como el Rafting o la escalada. Este tipo de turismo ecológico permite numerosos beneficios, entre los cuales, lo primordiales son: sustentabilidad, beneficio económico a los pobladores locales promoviendo su interacción con la actividad, el disfrute sano y responsable en ambientes naturales, por último pero más importante, la conservación del ecosistema y su biodiversidad. Debido a que el turismo es la industria más grande del mundo (seminario de Johany Mariño) y genera 10% de empleos, es fundamental impulsar el turismo sostenible en nuestra amada patria. De esta forma, aseguramos la prevalencia (debido a que es la fuente de ingresos) de nuestros fascinantes y exuberantes ecosistemas. Otro tipo de actividades, como la ganadería y la agricultura de monocultivos son mucho más nocivos para conservación de nuestros grandes bosques, sobre todo si se hacen de manera no regulada (Primack y Jos, 2002).

En el 2002 se celebró el año internacional del ecoturismo. La ciudad de Quebec fue protagonista de una relevante declaración mundial: "El ecoturismo abarca los principios del turismo sustentable, preocupándose en los impactos económicos, sociales y ambientales del turismo". Entre los principios que se señalaron en ese gran evento cito los más importantes:

1. Contribuye activamente a la conservación de la herencia natural y cultural.
2. Incluye a las comunidades autóctonas en su planeamiento, desarrollo y operación, contribuyendo a su bienestar.
3. Es más viable para pequeños grupos o viajeros independientes.
4. Interpreta la herencia cultural del destino para los visitantes.

Sinergia para el desarrollo ecoturístico:

El Ecoturismo es un fenómeno complejo, multidisciplinario e intersectorial (Ceballos, 1998). Debido a esto es necesario que exista sinergia entre las partes involucradas. Estas partes son: el gobierno, las autoridades locales, la comunidad local, las ONGs, la industria turística, las instituciones financiarias y los turistas mismos. Cada uno de ellos tiene un papel fundamental para el desarrollo ecoturístico del país.

Las iniciativas ecoturísticas deberán enlazar tanto un desarrollo rural adecuado como con la conservación de los sitios de atracción. En muchos lugares su gestión puede reforzarse mediante la cooperación y apoyo financiero de las operaciones de ecoturismo. Debe tenerse en cuenta que las concesiones no habrán de otorgarse hasta que no exista una capacidad administrativa comprobable (Ceballos, 1998). Puede ser tentador para algunas empresas turísticas el proceder por su cuenta donde las agencias gubernamentales tienen poca representatividad o eficiencia o carecen de un presupuesto adecuado. Sin embargo, se requiere de la colaboración entre todas las partes interesadas, es decir, la gente local, las agencias públicas encargadas de los recursos naturales y el turismo, las ONGs y operadores ecoturísticos selectos, podrá lograr verdaderamente institucionalizar la protección de un área. De esta forma es que el ecoturismo puede fomentar efectivamente la conservación de la biodiversidad y su hábitat, fundamentales en sus objetivos.

Dentro del destino ecoturístico normalmente se encuentran involucrados un gran número de partes interesadas y autoridades competentes. Sin embargo, son necesarios mecanismos de vinculación y coordinación a fin de lograr una integración de autoridades. "Por ejemplo, aquellas entidades oficiales vinculadas con áreas protegidas, infraestructura, carreteras, aeropuertos y servicios locales (de agua potable, drenaje y alcantarillado, tratamiento de basuras, policía, bomberos, etc.) deberán tener la habilidad suficiente para colaborar adecuadamente con el sector turístico cuando se requiera tomar decisiones sobre planes y proyectos de desarrollo turístico" (Cita textual de Ceballos, 1998). Si no existe esta sinergia, se torna difícil realizar un plan de desarrollo ecoturístico efectivo. Por lo tanto, se requiere una concientización masiva sobre los beneficios que el ecoturísmo asegura para que esta correlación ocurra naturalmente. Si no, será vista como una actividad irrelevante de bajo impacto social y niveles de ingreso irrisorios como para ser tomados en cuenta como parte del desarrollo sustentable.

Lavado verde

Existen amenazas potenciales de aquellos inversionistas que ven oportunidades de desarrollo pero carecen de sensibilidad por los valores locales (culturales, biológicos, etc.). Es pertinente señalar que las comunidades y autoridades locales deberán estar bien preparadas para rechazar ese tipo de inversionistas. Este problema se soluciona si se poseen apoyos financieros específicos, así como pautas de planificación establecidas para proteger los valores naturales y culturales locales.

Antecedentes

La ciudad de Yaracal ofrece gran gama de opciones para el desarrollo del ecoturísmo. Entre ellas está la hacienda "La arboleda". En ésta se ofrecen caminatas para la interpretación de la naturaleza, observación de aves y otras actividades. En otras fincas cercanas se ofrecen paseos en caballo, practica del coleo y observación de fauna silvestre.

En Venezuela existen algunas empresas ecoturísticas que han tenido éxito. La más importante es Arassari Trek, enfocada principalmente en el Eco-bioturismo. Permiten al público participar en planes de manejo y conservación luego de ser capacitados. Fomentan la observación de eventos naturales de gran magnitud así como la práctica de deportes extremos. Empresas como Ecoaventura turística estropean el concepto del ecoturísmo aplicando el lavado verde. Este concepto no es más que la venta de actividades "amigables" con el ambiente que en realidad van en contra de la conservación. Entre estas actividades están: la pesca no regulada, el "rustiqueo" y el contacto físico con animales silvestres. Otras, como el campamento Agroecológico Haciendo Campo Claro parecen, igualmente, ser solo una fachada para la atracción turística. El campamento Yakoo, ubicado en Sta. Elena de Uairén ofrecen hasta piscina y exóticos "chalets" con quien sabe cuántas comodidades. Quedando claro que comodidad no es contrario a ecoturismo, pero este ultimo si, a la realización de actividades de alto impacto ambiental como la construcción de piscinas (presente en Yakoo). En contraste existen empresas como Grupo Rio Verde que ofrecen expediciones de cualquier orden científico y travesías en la selva, así como viajes exploratorios, tours especializados en observación de fauna y flora silvestre, inclusive salidas de interés etnológico y arqueológico. Este tipo de compañías si merecen nombrarse como buen ejemplo del ecoturismo nacional.

Hace pocos años se realizo en Yaracal una "Exposición para la promoción de la biodiversidad y el desarrollo sustentable" un Proyecto de la LOCTI. El ecoturismo fue nombrado como parte estratégica para lograr ambos fines.

Marco legal

El estado venezolano ha creado un conjunto de leyes que promueven el desarrollo sustentable. Una de las actividades para que se cumpla esta valiosa meta es el ecoturísmo, el cual, llevado de manera óptima, promete grandes beneficios. En la Constitución de la República Bolivariana de Venezuela se incluye un capítulo dentro del Título III que habla sobre los derechos ambientales. En el artículo 127 se resalta el cambio desde una política meramente preservacionista con interés económico a la conservar los recursos naturales para que estén disponibles en las próximas generaciones. A su vez también agrega "... Así, el estado, con el objeto de garantizar un desarrollo ecológico, social y económicamente sustentable, protegerá el ambiente, la diversidad biológica, los recursos genéticos, los procesos ecológicos, los parque nacionales u monumentos naturales y demás áreas de especial importancia ecológica..." (Art. 128).

En la ley orgánica del turismo señala en el artículo 28 que "los municipios, en ejercicio de su autonomía, fomentarán e integrarán la actividad turística en sus planes de desarrollo local, de conformidad con lo establecido en la ley respectiva". Puede observarse claramente como el ecoturísmo encaja plenamente dentro de esta ley. Una de sus claves es que son los mismos pobladores locales quienes participaran dentro del plan. Al igual que este artículo, todo el Título III se basa en la descentralización de funciones. Es decir, el pueblo es quien participa directamente en la toma de decisiones para su desarrollo endógeno. El título IV hace énfasis en la capacitación turística que debe realizarse para alcanzar el desarrollo turístico. El Título V engloba la planificación de la actividad turística. Dentro de él se encuentra el capítulo II: Desarrollo sustentable del Turismo, muy conveniente discutirlo para el tema planteado. Concretamente el artículo 44 dice así: "El desarrollo de la actividad turística debe realizarse en resguardo del medio ambiente. Las autoridades públicas nacionales, de los estados y de los municipios favorecerán e incentivaran el desarrollo turístico de bajo impacto sobre el medio ambiente, con la finalidad de preservar los recursos hidráulicos energéticos, forestales, las zonas protegidas, la flora y la fauna silvestres. Estos desarrollos deberán garantizar el manejo adecuado de los residuos sólidos y líquidos". Este artículo es un arma legal que logra gran impulso para que el ecoturísmo se expanda e intensifique en todo el país. Sin embargo, existen limitantes económicas que debilitan el amplio alcance que el ecoturísmo puede lograr. El título VII habla sobre la capacitación y formación turística. Los artículos que lo conforman resaltan sobre el impulso que el estado debe proveer para formar y capacitar personal expertos en el turismo. A su vez, cualquier capacitación requerida para el desarrollo de las actividades turísticas será promovido. Debido a esto, uno de los objetivos del plan de desarrollo planteado es la capacitación de ciudadanos, pertenecientes a la comunidad en cuestión, que sean capaces de ser parte activa del ecoturísmo.

Ecoturísmo y conservación

Ahora bien, ¿cómo puede el ecoturismo favorecer a la conservación, más aún conociendo el grave impacto relacionado con el turismo? El ecoturismo incentiva la protección de la naturaleza debido a que es ella la fuente del turismo mismo. De esta forma puede inspirar acciones de conservación. Pueden plantearse planes ecoturísticos cuyo beneficio económico vaya directamente a la conservación de alguna especie, o como se plantea actualmente, de su hábitat (comentario del Prof. Rafael Rodríguez). Es más difícil que se invierta en planes de conservación cuyo beneficio no se palpe tan intensamente como en el ecoturístico. El valor económico, intrínseco, cultural, artístico, espiritual y hasta religioso de la naturaleza hace que ésta sea el recurso más importante de un país (Primack y Jos, 2002, Rodríguez y Rojas-Suárez, 2008), ¡debemos conservarla!

Diagnóstico

Falcón es un estado que ofrece diversos destinos turísticos. Se encuentra ubicado al noroeste del país, entre 10° 18' 08" y 12° 11' 46" de latitud norte y entre 68° 14' 28" y 71° 18' 21" de longitud oeste. Este estado venezolano posee deslumbrante y abundante biodiversidad.

Mapa que señala la ubicación de la ciudad de Yaracal en el Edo. Falcón:

Fuente: http://www.hoteles24.net/mapas/Estado-Falcon.jpg

El ecoturismo en esta región está medianamente desarrollado, una inversión en esta actividad promete grandes beneficios socio-económicos y conservacionistas. El turismo masivo si está mucho más desarrollado por lo que ofrecer alternativas turísticas es una opción importante para la región.

Presenta hábitats tipo bosque seco deciduo, sabanas y morichales. En estos se encuentran diversidad de fauna y flora. Su observación y estudio científico puede ser un atractivo turístico importante. Pueden encontrarse reptiles como la iguana (*Iguana*

iguana), Galapago llanero *(Podocnemy vogli)*, entre otros. Diversidad de anfibios presentes en las zonas cercanas a cuerpos de agua.

Se encuentran registrados gran cantidad de mamíferos para la zona, entre los que resaltan por su interés ecoturístico:

La comadreja (*Eira barbara sinuensis*)

Perezoso (*Bradypus variegatus flaccidus*)

Oso melero (*Tamandua tetradactyla*)

Cachicamo (*Dasypus novencinctus*)

Capuchino común (*Cebus olivaceus*)

Araguato (*Alouatta seniculus*)

Cuchicuchi (*Potos flavus*)

Zorro (*Cerdocyon thous*)

Onza (*Puma yagouarondi*)

Cunaguaro (*Leopardus pardalis*)

Tigrito (*Leopardus wiedii*)

Puma (*Puma concolor*)

Jaguar (*Panthera onca*)

Baquiro de collar (*Perari tajacu*)

Venado matacan y grisáceo (*Mazama americana* y *Mazama gouazoubira* respectivamente)

Venado caramerudo (*Odocoileus cariacou*)

Conejo sabanero (*Sylvilagus floridanus*)

Puercoespín (*Coendou prehensilis*)

Lapa (*Cuniculus paca*)

Picure (*Dasyprocta leporina*)

Otros mamíferos de interés científico pueden encontrarse en la zona. Por ejemplo, los roedores y los murciélagos son grupos bastante abundantes en la zona. Esto podría atraer ecoturistas especializados en estos mamíferos.

Las aves registradas para la zona son numerosas, se expondrán las mas llamativas:

Cotua Aguijita (*Anhinga anhinga*)

Pato Guirirí (*Dendrocygna autumnalis*)

Pato de monte (*Sarkidiornis melanotos*)

Barraquete aliazul (*Anas discors*)

Patico enmascarado (*Nomonix dominicus*)

Garza morena (*Ardea cocoi*)

Garza real (*Ardea alba*)

Chusmita (*Egretta thula*)

Garcita azul (*Egretta caerulea*)

Garcita Reznera (*Bubulcus ibis*)

Chicuaco cuello gris (*Butorides stiatus*)

Guaco (*Nycticorax nycticorax*)

Chicuaco cajeto (*Cochlearius cochlearius*)

Zamurita (*Phimosus infuscatus*)

Garza paleta *(Ajaja ajaja)*

Aguila pescadora (*Pandion haliaetus*)

Gavilan pico ganchudo (*Chondrohierax uncinatus*)

Gavilan Pita Veneado (*Buteogallus meridionalis*)

Gavilan cola corta (*Buteo brachyurus*)

Caricare encrestao (*Caracara cheriway*)

Halcon Macagua (*Herpetotheres cachinnans*)

Guacharaca (*Ortalis ruficauda*)

Perdiz encrestada (*Colinus cristatus*)

Gallito azul (*Porphyrula martinica*)

Gallineta de agua (*Gallinula choloropus*)

Gallineta pico de plata (*Fulica caribaea*)

Dara (*Burhinus bistriatus*)

Alcaraván (*Vanellus chilensis*)

Turillo (*Charadrius collaris*)

Viuda patilarga (*Himantopus mexicanus*)

Gallito de laguna (*Jacana jacana*)

Palomita maraquita (*Scardafella squammata*)

Tortulita Grisácea (*Columbina passerina*)

Paloma turca (*Leptotila verreauxi*)

Paloma ala blanca (*Columba corensis*)

Perico cara sucia (*Aratinga pertinax*)

Periquito mastrantero (*Forpus passerinus*)

Piscua (*Piaya cayana*)

Garrapatero común (*Crotophaga ani*)

Saucé (*Tapera naevia*)

Curucucú común (*Otus choliba*)

Aguaitacamino común (*Nyctidromus albicollis*)

Tucusito rubí (*Chrysolampis mosquitus*)

Esmeralda coliazul (*Chlorostilbon mellisugus*)

Esmeralda pico rojo (*C. gibsoni*)

Colibri anteado (*Leucippus fallax*)

Bobito (*Hypnelus ruficollis*)

Carpintero habado (*Melanerpes rubricapillus*)

Trepador subesube (*Xiphorhynchus picus*)

Hormiguero copetón (*Sakesphorus canadensis*)

Coicorita (*Formicivora intermedia*)

Atrapamoscas lampiño (*Camptostoma obsoletum*)

Bobito copetón vientre amarillo (*Elaenia flavogaster*)

Atrapamoscas de pico tenue (*Inezia tenuirostris*)

Pico chato amarillento (*Tolomomyias flaviventris*)

Atrapamoscas jinete (*Machetornis rixosus*)

Atrapamoscas garrochero (*Myiarchus tyrannulus*)

Petirre copete rojo (*Myiozetetes similitis*)

Gran atrapamoscas listado (*Myiodynastes maculatus*)

Pitirre chicharrero (*Tyrannus melancholicus*)

Cabezon aliblanco (*Pachyramphus polychopterus*)

Golondrina ala de sierra (*Stelgidopteryx ruficollis*)

Cucarachero común (*Troglodytes aedon*)

Paraulata llanera (*Mimus gilvus*)

Turpial (*Icterus icterus*)

Gonzalito (*Icterus nigrogularis*)

Plan de trabajo

Talleres de capacitación: Se llevaran a cabo cursos de identificación de aves, mamíferos y reptiles. La flora también será reconocida con su nombre científico correspondiente. A su vez, se explicara la ecología del área, incluyendo las relaciones inter e intra- específicas entre los organismos y su interacción con el ambiente. Se capacitará para reconocer especies clave y en peligro, así como para puntualizar los criterios más fundamentales para la amenaza de las especies. Este curso estará destinado principalmente a los integrantes de la comunidad y al público en general. Deberá hacerse por expertos en cada una de las áreas y con conocimientos pedagógicos básicos que permitan el flujo de conocimiento hacia los integrantes del curso. A su vez, los talleres se verán nutridos por los conocimientos de los lugareños, quienes son los mejores guías de la región debido a que habitan en la zona y reconocen los sitios más propensos para encontrar determinadas especies. De manera que estos talleres funcionaran como un "feed-back" o retroalimentación donde ambas partes encontraran un beneficio importante e inter-dependiente.

Establecimiento de rutas de interpretación de la naturaleza: Se escogerán caminos y picas existentes o se crearan unas nuevas, cuya travesía represente un paseo por los hábitats más característicos, llamativos o emblemáticos de la región. Estos recorridos deben hacerse creando la menor perturbación posible al ecosistema y con finalidad de disfrutar el contacto con la naturaleza. Pueden plantearse charlas que amenicen el trayecto y permitan un deleite sano de la naturaleza. Este tipo de caminatas tienen el fin de nutrir y sensibilizar al ecoturista mediante el contacto con la naturaleza. Para la elaboración de las caminerías se deberá tener en cuenta que se debe afectar los menos posible al hábitat. Es decir, con preferencia se debe evitar construir caminos de cemento o asfalto. La base ideológica del ecoturismo promueve que el impacto a la naturaleza debe ser mínimo o nulo.

Deportes extremos: Ciertos deportes como la escalada y el tracking permiten un fuerte vínculo entre el deportista y la naturaleza. Debido a que son de bajo impacto ambiental pueden utilizarse como incentivo para la práctica del ecoturismo. Para esto se promoverán los sitios con atractivos recorridos y pendientes inclinadas que atraigan a los deportistas y aficionados. Durante la realización de los mismos se tendrá implantará una filosofía conservacionista entre los practicantes. La naturaleza y el deporte formarán nexos inolvidables para los integrantes, que regresaran a sus casas con una mayor sensibilidad hacia la conservación de los lugares que visitaron. Es importante recalcar que ciertos "deportes" declarados como extremos o de contacto con la naturaleza no suelen para nada amigables con la misma. Actividades que supongan cualquier daño al medio natural serán fuertemente rechazadas. Nuevamente, educar a la gente será clave para el cese de actividades perjudiciales para los hábitats y la conservación de la biodiversidad.

Observación de fauna y flora silvestre: Se establecerán sitios óptimos para la observación de aves. Entre estos pueden ser terrazas, platabandas en los arboles, sitios altos naturales, puntos cercanos a cuerpos de agua o cualquier lugar que asegure la observación de ejemplares avícolas de interés. Los mamíferos podrán ser observados mediante recorridos generalmente nocturnos y tratando de perturbarlos lo menos posible. Para mayor éxito en esta actividad es importante conocer la biología del mamífero que se desea observar. Reptiles y anfibios pueden ser observados de igual manera mediante caminatas en los ríos o en los sitios reconocidos como su hábitat natural. Para la observación de flora pueden plantearse caminos pre-establecidos donde se demuestre la diversidad de especies vegetales de la zona. Estas fascinantes actividades pueden convertirse en un deleite especial para los observadores que reconocerán la importancia de su conservación. A su vez, se recogerán bases de datos de la fauna y flora registrada para la zona. Esto con el fin de fortalecer la información presente para las especies. También se plantea instalar binoculares de alto alcance sobre las terrazas. De esta forma ser incentiva a los ecoturista que no posean binoculares a realizar esta apasionante actividad. Se dispondrá de una pequeña biblioteca con guías de la flora y fauna venezolana. Entre ellas se promueve la guía de aves de Hilty (2002) y el libro de mamífero de Venezuela de Linares (1998).

Investigación y seguimiento

Para lo corroboración de la efectividad del plan, deben realizarse investigaciones que soporten el beneficio socio-económico de la región, el impacto que tienen las actividades ecoturísticas sobre la diversidad tanto biológica como cultural y el aporte de éstas en el desarrollo sustentable del país. Por lo tanto es importante el continuo seguimiento de las variables señaladas a fin de corregir o modificar la estrategia ecoturística. Para que esto se realice efectivamente se requiere de la cooperación de todos los involucrados. En este punto hay que recordar que la clave del plan es: *la conservación de los recursos biológicos y culturales en el tiempo para el fortalecimiento socio-económico de la región mediante el disfrute y conocimiento de la naturaleza.*

Bibliografía

- Ceballos H. 1998. Establecimiento de mecanismos de concertación intersectorial.- Parte del libro Ecoturismo, Naturaleza y Desarrollo Sostenible. Editorial Diana. Ciudad de México, México.
- Constitución de la República Bolivariana de Venezuela. 1999. Reimpreso en los talleres gráficos de la asamblea nacional.
- Hilty, S. 2003. Birds of Venezuela, 2nd Ed. Princenton University Press. Princenton, NJ U.S.A.
- Honey, Martha (1999) "Treading lightly? Ecotourism's impact on the environment", Environment, 41(5): 4-9, 28-33, June 1999.
  http://www.findarticles.com/p/articles/mi_m1076/is_5_41/ai_54895821
- Ley Orgánica de Turismo. Gaceta Oficial N°38.215 de fecha 23 de junio de 2005. MINTUR.
- Linares, O. 1998. Mamíferos de Venezuela. Editorial Sociedad Conservacionista Audubon de Venezuela. Caracas-Venezuela.
- Mariño, J. Seminario de Ecoturismo. Facilitado por la autora (estudiante).
- Primack R. y J. Ros. 2002. Introducción a la biología de la conservación. Editorial Ariel. Barcelona-España. Pag. 72-75.
- Portal Destinet de Información sobre Turismos Sostenible es una iniciativa conjunta de la Agencia Europea del Ambiente, la Organización Mundial del Turismo, el Programa de las Naciones Unidas para el Medio Ambiente y ECOTRANS como organismo ejecutivo. Incluye una carpeta especial con enlaces a todos los certificados de turismo sostenible que existen en el mundo. http://destinet.ewindows.eu.org
- Rodríguez, J. y F. Rojas-Suárez. 2008. Libro Rojo de la Fauna Venezolana. Tercera Edición. Provita y Shell Venezuela, S.A., Caracas, Venezuela. Pag. 19.
- Rodríguez, R. Comentario personal.

CON GRIN SUS CONOCIMIENTOS VALEN MAS

- Publicamos su trabajo académico, tesis y tesina

- Su propio eBook y libro - en todos los comercios importantes del mundo

- Cada venta le sale rentable

Ahora suba en www.GRIN.com
y publique gratis